# ORGANISATION JUDICIAIRE

## DU PROJET DE LOI

### SUR

# LES JUSTICES DE PAIX

Par Ed. de HYS

Juge de-Paix à Sainte-Croix.

# ORGANISATION JUDICIAIRE

## DU PROJET DE LOI

### SUR

# LES JUSTICES DE PAIX

PAR ED. DE HYS

Juge de Paix à Sainte-Croix.

Un avocat à la Cour d'appel de Paris, probable-
ment l'un des inspirateurs du projet de loi sur les
justices de paix, après avoir indiqué les points sur
lesquels portaient les innovations proposées, écrivait
ceci : « De la sorte, le siége de la justice du premier
« degré était déplacé et passait du chef-lieu d'ar-
« rondissement au canton. » Préoccupé d'une évo-
lution aussi grave, l'auteur des pages qui suivent
s'appliqua à relire l'ouvrage de M. Henrion de
Pansey, sur la compétence des juges de paix; ses
doutes furent bientôt dissipés, à la vive lumière
dont l'illustre président à la Cour de Cassation a
éclairé cette matière délicate. Il comprit que les
innovations de l'avocat à la Cour d'appel de Paris
présentaient plus d'inconvénients que d'utilité réelle.
Il lui parut aussi que le projet avait été examiné au
ministère de la justice par des hommes familiarisés
avec les questions de Droit ; que les témérités
appartenaient à l'avocat, les dispositions utiles aux
fonctionnaires de la chancellerie.

Depuis un temps immémorial, l'auteur appartient
par ses parents à la magistrature; il est lui-même
depuis longtemps juge de paix; c'est sous l'empire
de ces antécédents et de ces idées qu'il a écrit les

pages qui suivent; c'est aussi avec un sentiment profond de respect et de déférence envers les magistrats et les chefs des tribunaux et de Cours. Loin, bien loin de lui a été la pensée de faire œuvre de critique; mais il n'ignore point que ce qui se passe dans les prétoires des justices de paix, surtout dans ceux des cantons ruraux, est assez imparfaitement connu en haut lieu, et combien il importe que les limites de la compétence soient fixées aussi rationnellement que possible.

L'auteur n'est plus de l'âge mûr; il marche à grand pas vers celui qui suit; il est sans ambition; les labeurs du cabinet, ceux du prétoire, les difficultés de la vie publique, ont mûri sa raison. Il a cru, dans sa conscience, devoir donner cours à des idées, fruit de bien des années d'études et de reflexions; il espère, et c'est la seule récompense qu'il désire, que les magistrats éminents, que les hommes d'élite entre les mains desquels tombera cet écrit, le liront avec quelque intérêt.

Les changements dans l'organisation judiciaire sont choses graves ; l'opinion publique s'en émeut. Il est sensible qu'on touche aux intérêts les plus précieux. On sait aussi que les modifications apportées aux institutions judiciaires sont difficilement acceptées par le peuple. Les gouvernements ont été, plus d'une fois, obligés de revenir aux anciens errements et de rentrer dans la voie qu'ils avaient abandonnée. On ne saurait donc, dans ces matières, agir avec trop de réserve et de prudence. On proposait assez récemment de supprimer les cours d'assises dans certains départements et de les conserver seulement près les cours d'appel. La Cour de Cassation, consultée, s'éleva contre ce changement, et sans s'arrêter aux avantages qu'il pouvait présenter, parut surtout frappée par l'idée du trouble qui pourrait en résulter dans l'administration de la justice. La stabilité est le nerf des institutions judiciaires. Ne voit-on pas les contrats se former sous l'empire et sous la protection des lois que les tribunaux sont appelés à maintenir et à conserver ? Ne voit-on pas quels intérêts se groupent autour d'eux ? C'est qu'en fait ils règlent le mouvement des affaires, de l'industrie, du commerce, de tout ce qui touche de plus près à l'existence de chacun.

L'opinion publique s'est émue du projet d'organisation des justices de paix. Sous une rubrique modeste, ce projet, tout en paraissant modifier seulement cette institution, crée une juridiction de plus, déplace des intérêts considérables, et touche aussi aux tribunaux de première instance et aux tribunaux de commerce, auxquels il enlève un grand nombre d'affaires. Le siége de la justice se trouve déplacé; il passe de l'arrondissement au canton. On se demande, non sans inquiétude, si ces tribunaux ne seront point atteints par la nouvelle organisation, surtout, si les tribunaux de commerce pourront subsister sous le régime du projet de loi.

L'opinion publique se préoccupe du projet de loi à un autre point de vue. On se demande si le taux de 1,500 francs, qui limite la compétence des juges de paix, n'est point hors de proportion avec l'importance de ces tribunaux, avec les habitudes intellectuellement peu élevées du très-grand nombre de chefs-lieux de canton; si les débats de ces sortes d'affaires peuvent raisonnablement être portés dans les prétoires des cantons ruraux. On se demande aussi si les mœurs judiciaires existantes n'y feront point obstacle. Les justiciables, il est vrai, trouvent commode de porter leurs petites affaires devant le juge de paix; mais ils sont très-aises, quoiqu'il leur en coûte quelque argent, de voir les affaires qui ont quelque importance discutées solennellement par des hommes versés dans la science du droit, devant un tribunal composé de plusieurs juges et en présence des magistrats du parquet. Ces garanties leur sont précieuses, ces formes sont passées dans les habitudes et dans les mœurs; des intérêts se sont créés autour de ce tribunal, qui est seul juge des personnes et des choses.

Le législateur de 1790 a, en effet, confié aux tribunaux de première instance une pleine et entière juridiction. Ils étaient déjà anciennement, comme le dit très-bien Loyseau, « juges ordinaires des lieux et du territoire, « ayant justice régulièrement et universellement sur les « personnes et les choses qui sont en icelui. » Ces tribunaux, comme ceux auxquels ils ont succédé, sont les seuls juges de toutes les questions d'Etat, de toutes les questions de propriété. Si l'on veut pénétrer dans les vues du législateur, il est aisé de reconnaître qu'il envisage une valeur, où commence pour lui ce qui est capital. Quant au ressort du tribunal de première instance, il s'occupe seulement de ce qui est au-dessus de cette valeur, et néglige tout ce qui est au-dessous, qu'il renvoie aux juges de paix. Il importe peu que ce capital soit mobilier ou immobilier de sa nature. Il convient seulement de remarquer que quelque minime que soit un bien ou un droit immobilier, il est présumé avoir la même valeur que la somme où commence le ressort du tribunal civil, n'est point considéré comme une valeur négligeable et ne tombe point sous la juridiction des juges de paix. C'est là l'idée aussi juste que pratique qui a présidé à l'économie de la loi de 1790. En créant les justices de paix, le législateur n'a eu d'autre but que de dégager les tribunaux, juges de toutes les causes civiles, des petites contestations de chaque jour et de les déférer à des tribunaux d'exception, qui les jugent à peu de frais et avec célérité, réservant aux premiers tout ce qui affecte réellement la fortune des citoyens.

Il est évident que le législateur de 1790, préoccupé surtout de repousser de nos lois toute idée oligarchique, n'a voulu établir qu'un seul tribunal, auquel il a donné juridiction sur les choses de quelque nature qu'elles soient et sur les personnes, quels que soient leur rang et leur condition. Toutefois, comme il était peu digne et même matériellement impossible que le tribunal institué jugeât les petites contestations qui surgissent en grand nombre et qui auraient encombré le prétoire, au grand détriment des affaires importantes et peut-être aussi de l'étude et de la science du droit, il dut instituer une autre juridiction pour l'expédition de ces sortes d'affaires.

Au point de vue de la juridiction, le législateur de 1790 n'admet donc qu'une seule espèce de propriété, celle où commence la compétence du tribunal civil. Pour lui, toutes les valeurs au-dessous sont des choses flottantes, qui ne sont point encore fixées comme capital et qui sont négligeables. Le projet de loi paraît créer deux sortes de propriétés : celle qui ressortit du tribunal de première instance et celle qui ressortit des justices de paix. La faculté de l'appel ne peut modifier d'une manière sensible cet état de choses ; l'appel des causes à un tribunal supérieur est toujours très-onéreux, et un très-grand nombre de justiciables reculent, et devant les difficultés d'un second procès, et devant les dépenses qu'il entraîne. Ce côté de la question a vivement frappé les esprits qui s'occupent d'études juridiques.

Si l'on se place, en effet, au point de vue du justiciable, et si l'on tient compte des sentiments très-respectables qui le dominent, il est aisé de comprendre qu'il ne peut y avoir un tribunal pour la petite propriété, un autre tribunal pour la grande. Sans doute, on ne peut éviter, jusqu'à un certain point, qu'il n'en soit ainsi ; mais le projet de loi établit, entre ces deux classes de biens, cette ligne de démarcation que le législateur de 1790 s'est efforcé d'effacer. Au lieu de fermer aux petites fortunes l'entrée du tribunal civil, il faut, au contraire, selon l'esprit de nos institutions, leur en faciliter l'accès. Ah ! n'est-ce point élever une barrière entre les justiciables et le tribunal civil, que de contraindre les premiers à n'aborder celui-ci, dans le plus grand nombre de causes, qu'en appel, avec un circuit et des frais onéreux ?

Outre l'erreur que commet le projet de loi, en investissant les juges de paix d'une pleine et entière juridiction en ce qui concerne la petite propriété, contrairement aux anciennes maximes de notre Droit public et aux principes posés par le législateur de 1790, il en existe une autre qu'il importe de signaler. Le taux de 1,500 francs ne limite point la petite propriété ; même à ce point de vue, il est réellement exagéré. Il l'est surtout dans les cantons ruraux, appauvris par le mouvement qui entraîne les populations vers les grandes villes.

Il n'y a point lieu de tenir compte de ce qui se fait en Algérie, en Italie, en Allemagne. Les exigences des justiciables, l'esprit d'égalité, ont été de tout temps moins développés dans ces contrées qu'en France, où se sont créé des habitudes et des mœurs judiciaires plus délicates et plus graves, où le respect de la petite propriété a toujours été très-grand, et où, à toutes les époques, le tribunal civil a été accessible à la généralité des justiciables.

L'élévation du taux à 1,500 francs donne encore lieu à une observation importante. S'est-on figuré un juge de paix jugeant seul un litige d'une valeur de 1,500 francs, ou prononçant sur la propriété de la maison ou du jardin d'un justiciable, ou condamnant quelqu'un à deux mois de prison ? S'est-on figuré l'effet que ces condamnations peuvent produire sur le public ? A-t-on songé aux récriminations, aux critiques qu'elles peuvent soulever ? à la déconsidération qui peut en être la conséquence ? Ce qui constitue l'autorité, ce qui fait la puissance du tribunal civil, c'est l'impersonnalité dont l'a entouré la sagesse du législateur. Nul ne sait, il n'est permis à personne de savoir dans quel sens un juge a opiné. Les personnes disparaissent, les corps constitués seuls sont en vue. Le juge de paix n'a rien de semblable qui le protége. Aussi ne faut-il lui imposer que la tâche qu'il peut raisonnablement accomplir, c'est-à-dire ne lui confier, suivant le vœu du législateur de 1790, que les causes qui ne touchent point réellement à la fortune des citoyens. Quelle que soit la capacité d'un juge de paix, son amour de la justice, les lumières des collègues, les conseils des magistrats du parquet lui feront toujours défaut. Il sera tenu, cependant, de juger correctionnellement, de décider des questions de propriété très-importantes, souvent de la fortune et de l'honneur des personnes !

Il y a lieu de remarquer enfin qu'en même temps que les juges de paix sont surchargés, qu'une responsabilité trop lourde est rejetée sur eux, que l'avenir de cette utile institution se trouve compromis par une excessive extension de leur compétence, on ruine à peu près les tribunaux de commerce et on amoindrit les tribunaux de première instance. Il est, en outre, une chose qu'il est impossible de ne point noter : l'extension de la compétence des juges de paix, telle que la comprend le projet de loi, entraîne une augmentation d'importance qui peut parfois, surtout dans les cantons ruraux, n'être pas sans inconvénient.

Le projet de loi, en élevant à 1,500 francs le taux du premier ressort, en investissant les juges de paix de la juridiction commerciale et correctionnelle, en leur donnant compétence en ce qui concerne les affaires immobilières, en étendant sa juridiction à deux cantons, en ajoutant à ses fonctions multiples la charge de répondre en référé, au lieu et place du président du tribunal, sort de la voie tracée par le législateur de 1790, des habitudes et des mœurs judiciaires, bouleverse les juridictions et trouble l'administration de la justice. L'opinion publique verrait avec satisfaction le premier ressort élevé à 300 francs, le dernier à 200 francs, la juridiction des juges de paix étendue en fait de baux à ferme et à loyer, de ventes d'animaux ; mais elle est étonnée de voir la loi de 1790 mise en oubli, les tribunaux de première instance et les tribunaux de commerce amoindris et menacés, les juges de paix, sans avantages pour les justiciables, sans profit pour l'administration de la justice, voyager d'un canton à l'autre, se compromettre sous le poids d'une responsabilité excessive et dans les difficultés d'une compétence mal définie.

Les modifications qui altèrent l'institution des juges de paix sont donc repoussées par l'opinion publique. Mais elle acceptera fort bien celles qui les laisseront dans leurs attributions. Leur compétence, suivant le vœu du législateur de 1790, doit rester limitée aux petits litiges de chaque jour, aux contestations des gens de travail, aux questions de baux à ferme et à loyer, aux causes relatives aux dommages aux champs et aux récoltes, aux actions possessoires, aux affaires de simple police, réservant l'entière et pleine juridiction au tribunal civil. Remanié dans cet esprit, le projet de loi introduirait dans la législation qui régit les justices de paix des améliorations très-appréciables. Il conviendrait, dans l'article 1er, de réduire la compétence en matière personnelle et mobilière à 300 francs, et de renoncer aux matières commerciales. On devrait, dans l'article 2, reporter à un autre article, pour plus de clarté, ce qui est relatif aux congés, aux résiliations de baux, aux saisies gageries. Le premier paragraphe de l'article 2, les articles 3, 4, 5, ne paraissent pas devoir être modifiés. L'article 6 du projet de loi étend la compétence des juges de paix aux questions immobilières, alors que dans l'article 5 il réserve aux tribunaux civils les actions relatives aux haies, aux fossés ; celles relatives à l'irrigation des propriétés et au mouvement des usines ; celles relatives à l'élagage des arbres, aux plantations, aux constructions et travaux énoncés dans l'article 674, lorsque les droits de mitoyenneté, de servitude ou de propriété sont contestés. Ces dispositions et celles de l'article 6 semblent se contredire et paraissent de nature à augmenter les difficultés de compétence dans une matière déjà fort délicate. Il n'y aurait aucun inconvénient à supprimer l'article 6. Les articles 7, 8, 9, 10, 11, 12, 13 du projet de loi ne paraissent devoir donner lieu à aucune observation. L'article 14 devrait être retouché, mais seulement dans les dispositions qui règlent la compétence. L'article 15 ne paraît pas pouvoir être conservé. Il paraît difficile d'admettre que le juge de paix puisse remplacer le président du tribunal en matière de référé. L'article 6 du Code de Procédure civile investit les juges de paix, dans les cas urgents, d'une juridiction suffisamment étendue. Les articles 16, 17, 18, 19, 20, 21, 22, 23, 24 seront facilement acceptés; mais l'article 25, qui étend la juridiction des juges de paix jusqu'aux affaires correctionnelles, n'est guère approuvé par l'opinion publique. Il conviendrait de supprimer cet article. Il serait préférable d'ajouter au quatrième livre du Code Pénal un article contenant, entre autres infractions, celles énoncées dans l'article 25, qui pourraient y figurer. L'article 26 pourrait être supprimé, ainsi que les articles 28, 29, 30, 31. L'article 27 pourrait être modifié de manière à laisser au procureur général une entière liberté en ce qui concerne la nomination des officiers du ministère public près les tribunaux de simple police.

S'il est défectueux dans les lignes principales et essentielles, le projet de loi, il convient de le dire, contient des améliorations de détail, très-dignes d'approbation, et que les hommes pratiques s'empresseront de louer. En remaniant le texte de 1838, le projet de loi a décidé des points de doctrines controversés, amendé quelques dispositions obscures, facilité de plusieurs manières la tâche des magistrats. S'il eût été plus prudent, s'il eût touché aux juridictions, aux principes, aux droits acquis, d'une main moins téméraire, il aurait fait une œuvre durable.

Si l'opinion publique désire que la compétence des juges de paix soit maintenue dans les limites fixées, quant à la matière, par le législateur de 1790, elle fait aussi des vœux pour que l'accès des tribunaux de première instance soit rendue plus facile aux justiciables. Les droits d'enregistrement devraient être réduits, les frais modérés, l'assistance judiciaire organisée d'une manière plus efficace, l'importance des hommes d'affaires diminuée, la barrière qui éloigne les justiciables des magistrats abaissée, s'il est possible.

On essaya quelques réformes dans ce sens dans le courant du dix-huitième siècle. Deux édits, l'un du mois de mars 1749, l'autre du mois d'avril 1769, autorisaient les bailliages de Tours et d'Orléans à juger au nombre de trois juges dans une audience particulière et sans ministère de procureur. Les dispositions de ces deux édits furent étendus à tous les bailliages et sénéchaussées par un autre édit du mois de septembre 1769. Cet édit contient certainement l'idée qui a présidé à la création des justices de paix. Ne serait-il pas aussi une pierre d'attente permettant d'ajouter à nos tribunaux civils une institution utile ? Les audiences particulières, les audiences de conciliation en la chambre du conseil, où les affaires sommaires, les causes qui ne sont point susceptibles des débats à la barre, seraient jugées sans ministère d'avoués, et où serait essayée la conciliation des autres affaires. Le préliminaire de conciliation est aujourd'hui dans les attributions des juges de paix, mais sans avantage certain, ni pour l'administration de la justice, ni pour les justiciables. Cet inconvénient était depuis longtemps signalé. « L'Assemblée constituante, dit Boi-
« tard, réalisa, la première en France, l'institution d'un
« tribunal de conciliation ; elle en fit une des attribu-
« tions des juges de paix ; et certes, si ces attributions
« eussent répondu en pratique aux espérances qu'on en
« avait conçu, aucune fonction de ces juges n'eût été
« plus belle et plus heureuse ; mais l'Assemblée consti-
« tuante, entraînée par ses illusions philanthropiques,
« organisa le système de conciliation avec une étendue,
« qui, dans le fait, la rendit plus onéreuse qu'utile. Les
« inconvénients d'application influèrent, sans doute, sur
« le vœu des tribunaux d'appel, lors de la rédaction du
« Code de Procédure, méconnaissant ce que l'institution

« présentait de moral et d'utile, réclamèrent la suppres-
« sion complète de la tentative de conciliation. » Il est, en
effet, certain, comme le remarque l'excellent auteur qu'on
vient de citer, que le système de conciliation, tel qu'il est
organisé aujourd'hui, est loin d'avoir donné les résultats
que le législateur était en droit d'en attendre. L'expérience
a prouvé que les magistrats n'ont d'influence, comme con-
ciliateurs, que sur les personnes qu'ils sont appelés à
juger. Les juges de paix, dans les petites audiences sur
billets d'avertissement, concilient plus des trois quarts
des affaires qui sont portées devant eux ; et lorsqu'ils sié-
gent au bureau de paix ils ne parviennent à en concilier
que très-peu. La plus grande partie des affaires est
d'ordinaire renvoyée au tribunal civil ; de sorte que le
résultat du préliminaire de conciliation peut être considéré comme médiocre. Quelle influence n'auraient point,
sur les parties, les magistrats du tribunal civil, faisant
comparaître devant eux en audience particulière, comme
le dit l'édit de 1769, les personnes sur le point d'engager
un procès ! N'interviendrait-il pas souvent des jugements
dans les matières sommaires ; des transactions dans d'autres affaires ? Les causes importantes, celles exigeant une
instruction approfondie, ne pourraient-elles pas être
renvoyées à l'audience publique, par décision des juges
ou sur la demande des parties ou de leurs conseils ? Le
greffier ne pourrait-il pas retenir acte des transactions
faites ? Les inconvénients de cette procédure sont en
petit nombre et peuvent facilement être atténués par la
prudence des juges. Les avantages sont considérables.
La comparution des parties et leur audition sont souvent
utiles à la décision des causes ; les magistrats acquièrent
une connaissance plus complète, plus intime, des circons-
tances de fait, évitent des erreurs, échappent plus aisé-
ment aux piéges que leur tendent les hommes d'affaires.
Les petites audiences près les justices de paix ont pro-

duit d'excellents résultats, ont été souvent un obstacle à l'avidité des officiers ministériels et ont entouré cette magistrature d'une sorte d'atmosphère de moralité, qu'on ne voyait pas toujours avant cette institution. Elles en produiraient peut-être de plus sérieux et de plus importants près des tribunaux de première instance. Il y a tout lieu de présumer qu'elles élèveraient la moralité des hommes d'affaires et mettraient un frein à la rapacité des officiers ministériels. Les magistrats, on n'en peut douter, auraient beaucoup à gagner en considération et en influence. La voie est en quelque sorte tracée par l'édit de 1769, et il suffirait pour réaliser cette utile institution de changer quelques mots aux articles 48, 49, 50, 52 du Code de Procédure civile.

L'opinion publique est non-seulement peu favorable, comme il a été dit, à l'extension de la compétence civile des juges de paix, mais encore tout à fait opposée à l'extension de leur juridiction criminelle. Elle exigerait que leur compétence fût limitée aux affaires de simple police. Elle admettrait, cependant, qu'afin de dégager le tribunal civil, leur compétence fût élevée à 50 francs d'amende, mais elle n'accepterait pas qu'elle pût dépasser ce chiffre, ni qu'ils puissent infliger plus de cinq jours de prison. On pourrait bien, pour atteindre ce but, réorganiser le système des pénalités en matière de simple police; créer une quatrième classe de contraventions de 26 à 50 francs d'amende; porter celles de la deuxième classe de 6 à 15 francs et celles de la troisième de 16 à 25 francs d'amende. Il y aurait lieu aussi de dresser un relevé de toutes les lois, de tous les règlements édictants des peines de simple police, et de les distribuer dans le quatrième livre du Code Pénal. On pourrait, en même temps, faire rentrer dans la quatrième classe qui serait créée les contraventions énoncées dans l'article 25 du projet de loi, à l'exception du délit d'outrages, de bris de scellés, de vagabondage, d'incendie involontaire, qui devraient rester soumis à la juridiction correctionnelle.

Il importe, toutefois, de remarquer que l'opinion publique serait plus satisfaite de voir la juridiction des juges de paix rigoureusement limitée à 25 francs d'amende. Les limites de leur compétence seraient fixées de cette sorte d'une manière plus rationnelle et plus correcte. Il y aurait lieu, dans ce cas, de créer une classe de contraventions contenant les infractions de 16 à 25 francs d'amende. La juridiction du tribunal correctionnel pourrait être ainsi déchargée d'un nombre suffisant d'affaires peu importantes et qui peuvent, sans inconvénient, être déclassées. Il y aurait lieu, en même temps, comme il a été dit ci-dessus, de faire le relevé de toutes les infractions passibles des peines de simple police, et de les distribuer dans les quatre classes de contraventions prévues par le dernier livre du Code Pénal; ce travail de codification, tout en mettant de l'ordre dans des matières, assez confusément éparses dans un grand nombre de lois et de règlements édictés à différentes époques, mettrait aussi un terme à bien des doutes, à bien des incertitudes, à bien des difficultés.

L'organisation judiciaire de notre pays est certainement le monument le plus respectable qui existe. Il a ses origines dans la législation romaine, dans les coutumes germaniques et dans les lois ecclésiastiques. Chaque génération y a apporté sa pierre, et nos pères y ont mis le faîte. C'est l'œuvre du temps, c'est aussi celle d'illustres magistrats, de jurisconsultes éminents; que le législateur y apporte les modifications que le progrès des mœurs et le mouvement des affaires peuvent exiger, mais sans altérer le fond, sous peine de créer des institutions éphémères et sans racines dans le pays.

Toulouse, imprimerie Douladoure-Privat, rue Saint-Rome, 39.